66 Freizeit-Tipps

Neben Siegen, dem einstigen Stammsitz der Fürsten von Nassau-Oranien, erwarten Sie die Kurorte Bad Berleburg, Bad Laasphe und weitere "putzmuntere" Fachwerkstädtchen. Die Altstadt von Bad Laasphe steht ebenso unter Denkmalschutz wie der "Alte Flecken" von Freudenberg. Erleben Sie dort Ihr schwarzweißes Fachwerkwunder mit fantasievollen Türen, Fenstern und vielen bunten Blumen.

Zu den eindrucksvollsten Sehenswürdigkeiten gehören im Siegerland Schaubergwerke und Bergbaumuseen: Vierzehn Meter unter dem Schlosshof in Siegen fährt die alte Grubenbahn in den Felsen ein; in Müsen dürfen Sie rund 300 m unter der Erde zu Fuß gehen. Falls Sie dem letzten Köhler des Siegerlandes bei seiner Arbeit zusehen wollen: In Netphen-Walpersdorf werden Sie fündig.

Herausgeputzte Fachwerkdörfer mit schieferverkleideten Häusern kennzeichnen auch das Sauerland, ebenso tiefe Wälder, dazu Hügel über Hügel und saubere Quellen, die riesige Talsperren mit Wasser füllen. Beginnen Sie Ihre Sauerlandtour ganz oben, dort, wo das Wetter "gemacht" wird: auf dem 841 m hohen Kahlen Asten mit seiner Wetterstation. Wintersportler schätzen diesen Berg wegen seines Schneereichtums. Von der Sprungschanze in Winterberg dürfen Sie einen Blick in die Tiefe riskieren. Auch Wassersport wird groß geschrieben: Ob Diemel-, Henne- oder Biggesee, alle Gewässer haben eines gemeinsam: Sie sind beliebte Treffpunkte für Segler und Surfer, aber auch für all jene, die sich mit Schiffen der "Weißen Flotte" geruhsam von einem Ufer zum anderen schippern lassen.

Hamm | Abwechslungsreiches Freizeitrevier

Maximilianpark
Alter Grenzweg 2, April-Sept. tgl. 9-21 Uhr, Okt.-März tgl. 10-19 Uhr Schmetterlingshaus: März-Sept. tgl. 10-18 Uhr, Okt. tgl. 11-18 Uhr

1 Auf der ehemaligen Zeche Maximilian entstand 1984 im Rahmen einer Landesgartenschau der Maximilianpark – mit dem größten künstlichen Elefanten der Welt. Dieser Glaselefant, der aus der ehemaligen Kohlenwäsche entstanden ist, hat sich mittlerweile zum Wahrzeichen entwickelt und ist somit zu einem Symbol des Strukturwandels in der Region geworden. Der Maximilianpark lädt Sie mit seinen großzügigen Parkflächen zu langen Spaziergängen ein und bietet darüber hinaus für die gesamte Familie zahlreiche Attraktionen. Eine ganz besondere Anlaufstelle ist das Schmetterlingshaus, in dem sich im Laufe einer Saison bis zu 80 verschiedene Schmetterlingsarten tummeln. Sie fliegen frei durch das 600 qm große Tropenparadies, in dem eine Temperatur von rund 26 Grad und eine Luftfeuchtigkeit von 80 Prozent herrscht. Dadurch kann auch eine üppige Pflanzenpracht gedeihen, die sich in die reizvolle Teichlandschaft einfügt. Staunen Sie über die bunt-schillernden Schmetterlinge und über die handtellergroßen Nachtfalter. Besonders beeindruckt der Atlas-Seidenspinner, der fast bewegungslos im Tagschlaf verharrt.

Hamm | Vorsicht, wir beißen!

Tierpark Hamm
Grünstraße, März-Okt. tgl. 9-18.30 Uhr, Nov.-Febr. tgl. 9-16.30 Uhr

2 Beginnen Sie Ihren Rundgang durch den Tierpark bei den Wasservögeln am großen Teich. An seinem Westufer treffen Sie auf den größten Vogel der Erde, den Strauß. Er hat seine Flugfähigkeit verloren, dafür ist er aber ein schneller und ausdauernder Läufer. Seine Heimat sind die weiten Steppengebiete Afrikas. Am Südufer tummeln sich Kraniche und Reiher. Hübsch anzusehen sind die Kronenkraniche, die in großen Schwärmen an den schilfbewachsenen Flüssen und Seen Zentralafrikas leben. Nun laden Kamele zu einem Besuch: Ihre Fähigkeit, Durst zu ertragen, ist fast sprichwörtlich. An den Raubtiergehegen vorbei erreichen Sie das Affenhaus mit seinen kreischenden Bewohnern. Bei den angriffslustigen Pavianen ist äußerste Vorsicht geboten: Sie beißen!
Weitere Attraktionen sind das Naturkundemuseum sowie das Reptilienhaus, das Schildkröten und Nattern beherbergt.

Soest | Mittelalterliche "Kernforschung"

3 Soest gehört zu den Orten Westfalens, die sich mit einem vollständig erhaltenen mittelalterlichen Stadtbild schmücken können. Doch bevor Sie den jahrhundertealten Kern der ehemaligen Hansestadt erforschen, sollten Sie auf der kreisförmigen Wallanlage spazieren gehen. Nach knapp 45 Minuten stehen Sie wieder am Ausgangspunkt, dem mächtigen Osthofentor, zugleich Eingangstor zur architektonischen Schatzkammer. Augenfällig sind die reich verzierten Fachwerkhäuser und das Pilgrim-Haus, ein uralter Gasthof, in dem bereits seit 1304 Gäste bewirtet werden. Vergessen Sie darüber nicht, an der Teichmühle vorbeizuschauen. Direkt daneben befindet sich der "Große Teich", der, von unzähligen Quellen gespeist, im Winter niemals zufriert

Lippstadt | Kanutouren

4 Die Geschichte der Stadt an der Lippe begann bereits im Jahre 1185. Heute, weit über 800 Jahre später, präsentiert sich Ihnen ein facettenreiches Stadtbild. Das Wahrzeichen Lippstadts ist die 1221 vom Gründer der Stadt, Bischof Bernhard II. zur Lippe, geweihte Marienkirche. Sie finden sie im Herzen der Stadt, gleich daneben befindet sich der 'Bürgerbrunnen' mit beweglichen Figuren der Stadtgeschichte: Bernhard II., Friedrich der Große, Amalie von Hessen-Kassel, Bürgermeister Bertram sind ebenso dabei wie ein Kaufmann, ein Gerber, eine Bäuerin und Simplizius Simplizissimus. Wenn Sie sich aber für Vor- und Frühgeschichte interessieren, dann gehen Sie ein paar Ecken weiter. Die bedeutenden Sammlungen, dazu auch eine Fächer- und Spielzeugsammlung finden Sie im Heimatmuseum, einem prächtigen Bürgerhaus aus dem 17. Jahrhundert.

Im wasserreichen Lippstadt nimmt der Kanusport eine herausragende Stellung ein. Direkt in der Innenstadt befindet sich eine einzigartige Wildwasserstrecke, auch Austragungsort vieler internationaler Wettkämpfe. Paddeln auf der Lippe bedeutet, Tiere, Pflanzen und die Landschaft ringsum hautnah zu erleben. Sie gleiten durch eine geheimnisvolle Wasserwelt, manchmal unter herabhängenden Zweigen und auf leichten Stromschnellen – aber immer mit guter Laune!

Städtisches Heimatmuseum
Rathausstr. 13,
Di.-Sa.
10-12 + 15-18 Uhr,
So. 10-12 Uhr

Lippstadt | Von Wasserschloss zu Wasserschloss

5 Auch das Umland von Lippstadt hat eine bewegte Geschichte zu erzählen. Sie lässt sich zum Teil 1100 Jahre zurückverfolgen. Nicht ganz so alt sind die vielen baulichen Schmuckstücke, die Sie am besten auf einer Radtour erreichen – beispielsweise von Wasserschloss zu Wasserschloss: Schloss Overhagen wurde im Jahre 1619 auf zwei Inseln errichtet, Schloss Herringhausen als Herrenhaus um 1725 erbaut. Die beiden Wasserschlösser befinden sich in Privatbesitz und sind deshalb nur von außen zu besichtigen. Schloss Schwarzenraben präsentiert sich Ihnen als barocker Bau mit schönem Park, Inseln und einer Gräftebrücke. Sie erreichen das an drei Seiten von Wasser umgebene Herrenhaus über eine alte Ahorn- und Ulmenallee. Eine figurengeschmückte Orangerie befindet sich im parkähnlichen Garten. Auch dieses Anwesen ist im Privatbesitz und daher leider nicht zugänglich.

Büren-Wewelsburg | Dreimal um die Ecke gebaut

Historisches Museum Wewelsburg
Burgwall 19,
Di.-Fr. 10-17 Uhr,
Sa. + So. 10-18 Uhr

6 Die Wewelsburg, Wahrzeichen des Paderborner Landes, thront imposant auf einem Bergsporn über dem Almetal. 1609 im Stil der Weserrenaissance fertiggestellt, beeindruckt die einzige Dreiecksburg im deutschen Westen durch ihren mächtigen Nordturm mit seinen 20 Metern Durchmesser. Heute beherbergt das imposante Bauwerk eine Jugendherberge und das Kreismuseum Wewelsburg mit dem Historischen Museum des Hochstifts Paderborn. In vier Abteilungen gegliedert, präsentieren sich ein Großsteinkammergrab aus der Jungsteinzeit, Originalwaffen des Dreißigjährigen Krieges, eine Schmiede sowie kostbare Möbel aus Schloss Schwarzenraben. Gehen Sie also auf Entdeckungsreise in die Vergangenheit: sehen, erfahren, erleben ...

Möhnesee | Auf Tour mit der weißen Flotte

7 Das "Westfälische Meer" bietet Wassersportfreunden ein breites Spektrum. Allumfassend ist auch der Service: Segel- und Surfschulen, Badeanstalten, Bootsverleihe und zahlreiche Ausgabestellen für Angelscheine befinden sich rund um den See. An der 650 Meter langen Sperrmauer starten weiße Schiffe, und mitten auf dem See dockt plötzlich ein Shuttleboot an. Wenn Sie jetzt umsteigen, machen Sie einen Ausflug nach Körbecke. Wenn nicht, so schippern Sie für eine Stunde durch das Naturschutzgebiet des Möhnesees. Es ist Lebensraum und Durchgangsstation für zahlreiche Wasservogelarten. Dennoch können Sie von einigen Randwegen aus die gefiederten Bewohner am See beobachten, ohne sie zu stören – wenn Sie wollen, unter fachkundiger Leitung. Alle Schiffsanlegestellen bieten im Übrigen direkte Anbindung an das weitläufige Rad- und Wanderwegenetz. Wanderschuhe auspacken, und los kann es gehen!

Arnsberg-Vosswinkel | Naturerlebnis Wildwald

8 Täglich, jeweils nachmittags, ruft der Heger im Walderlebnisgebiet die Wildschweine mit dem Jagdhorn zur Fütterung. Die nachtaktiven Tiere sind gegen Abend an der Reihe. Und um 10 Uhr in der Frühe informiert der Wildheger an der Futterstelle gerne über Rotwild, Damwild und Mufflons. Das heimische Wild ist beim Naturerlebnis Wildwald ausschließlich in naturnaher Umgebung zu beobachten und zwar das ganze Jahr über. Abwechslungsreiche Rundwege erschließen die Laub- und Mischwälder des Luerwaldes: Sie erleben umfassend, was alles zum komplexen Lebensraum Wald gehört: große und kleine Pflanzen und Tiere, Gewässer, Forst und Jagd und sogar einen Waldbauernhof.
Sind Sie neugierig geworden? Dann gehen Sie doch in die Waldschule und nehmen dort an einer Waldlehrstunde teil.

Arnsberg-Herdringen | Krimi im Schlossspark

9 Die Familie der Freiherren von Fürstenberg ließ den neugotischen Teil des Herdringer Schlosses, der an den englischen Tudorstil erinnert, im 19. Jahrhundert nach Plänen des Kölner Dombaumeisters Zwirner errichten. Die Parklandschaft wurde von dem romantischen Landschafts- und Gartengestalter Maximilian Friedrich von Weyhe entworfen. Da sich kein ähnliches Gebäude auf dem europäischen Festland befindet, verwundert es nicht, dass dieses Schloss einst beliebte Kulisse für die bekannten Edgar-Wallace-Gruselstreifen wurde. Dieter Borsche, Joachim Fuchsberger, aber auch 'Bösewicht' Klaus Kinski schlichen hier bei Nacht und Nebel durchs Gebüsch und lehrten uns das Gruseln. Nach umfangreicher Renovierung ist das Jagdschloss Herdringen im Rahmen einer Führung zu besichtigen (Tel. 02932/48329). Auf dem gut 2-stündigen Rundgang kann der Besucher auch einen Blick in die Kapelle und in den Königssaal werfen – und sich im Park an die Edgar-Wallace-Krimis erinnern.

Arnsberg-Herdringen | In der Hauptrolle: Mutter Natur

10 "Idyllisch gelegen" – das ist die grüne Adresse der Freilichtbühne Herdringen. Ganz gleich, was auf dem abwechslungsreichen Programm steht: Von Mai bis September spielt die Natur hier die Hauptrolle. Und damit aus einem fröhlichen Lustspiel kein dramatisches Naturschauspiel wird, schützen Dach und Infrarotstrahler die Zuschauer vor willkürlicher Regie. Doch nicht deswegen strömt eine eingeschworene Gemeinde immer wieder nach Herdringen. Sie will einfach miterleben, wie unter freiem Himmel Froh- und Tiefsinniges von profihaft agierenden Laien gespielt wird. Besonders beliebt sind Lustspiele und Theaterstücke für Kinder. In Herdringen ist alles Marke "Eigenbau", vom Kostüm bis zur Kulisse. Und hausgemacht ist auch der "Spaß an der Freud". Lassen Sie sich anstecken – die spielbegeisterten Herdringer sagen Ihnen gerne, wann.

Arnsberg | Viele Wege führen durch die tausend Berge

11 Stellen Sie sich vor: Sie wandern mit Lust und Laune – und Ihr Gepäck eilt Ihnen voraus, erwartet Sie am Ziel. Jeden Tag unbeschwert wandern, so lange Sie wollen! Im Hochsauerland wird dieses Wanderwunder wahr. Dabei können Sie zwischen verschiedenen Routen wählen, je nach Zeit und Ausdauer. Wanderasse beginnen in Arnsberg ihre Zwölf-Tage-Tour 'Durch vier Naturparks'. 'Rund um den kahlen Asten' gehen Sie in nur fünf Tagen, während Sie für den Wandervorschlag 'Rund um die Hunau' acht Tage veranschlagen sollten. Ganz gleich, wie Sie sich entscheiden, es erwartet Sie ein unvergessliches Natur- und Wandererlebnis. Ziehen Sie von Ort zu Ort und lernen Sie so das Hochsauerland laufend immer besser kennen – und lieben.

Balve-Binolen | Ein Fuchs als Höhlenführer

12 Im Frühjahr 1888 ging Franz Recke auf Fuchsjagd, und zwar in jenes Gebiet, das er schon lange ob seiner ominösen Dampfwolken interessiert beobachtet hatte. Der wackere Recke kam dem Dampf auf die Spur und ließ Fuchs Fuchs sein. Denn das gejagte Objekt hatte ihn zu einer Öffnung im Hönnetal geführt. Zwei Jahre später wurde die Reckenhöhle teilweise eröffnet, seit 1924 ist sie in ihrem heutigen Ausmaß – rund 500 Meter – begehbar. Durch die konstant 8 °C "warme" Unterwelt mit Säulen, Sinterterrassen und Wasserbecken gehen Sie mit einem sachkundigen Führer. Er wird Ihnen auch den Unterschied zwischen Stalaktiten und Stalagmiten erklären. Die Formen dieser bizarren Tropfsteingebilde überraschen: Hier scheinen Fledermaus, Eichhörnchen und Krokodil für immer versteinert. Oberhalb dieser Zauberwelt erwarten Sie die "Sieben Jungfrauen" – zwanzig Meter hoch, felsenfest und naturgeschützt.

Reckenhöhle
April-Okt.
Di.-So. 10-16.30 Uhr,
Nov.-März
nur nach Voranmeldung im
Hotel Haus Recke

Balve-Wocklum | Glanz in alter Hütte

Luisenhütte Wocklum
Mai-Okt.
Di.-Fr. 9.30-17 Uhr,
Sa. + So. 11-18 Uhr
Balver Höhle
Besichtigung: nur nach Voranmeldung beim Verkehrsverein oder während der Veranstaltungen

13 Neben dem Röhrenwinderhitzer und den mit Wasserdampf betriebenen Zylindergebläsen gibt es noch eine Gebläsedampfmaschine, die neben dem eindrucksvollen Hochofen selbst und der sich anschließenden Gießerei den Reiz dieser Anlage ausmachen: Die Eisenhütte, mit deren Bau 1748 begonnen wurde und die 1758 in Betrieb ging, wurde 1834 abgerissen und machte einem Neubau Platz. Die Unternehmerfamilie von Landsberg gab ihr den Namen 'Luisenhütte'. Heute ist sie die älteste bekannte Holzkohlenhochofenanlage Deutschlands mit einer vollständig erhaltenen Inneneinrichtung.
In der Balver Höhle, die zu den bedeutendsten prähistorischen Fundstätten Mitteleuropas gehört, finden Führungen nur nach Voranmeldung beim Verkehrsverein Balve statt. Die riesige Naturhalle dient dem Verein Festspiele Balver Höhle e. V. sowie anderen Veranstaltern als Rahmen für Sinfoniekonzerte, Jazz- und Irish-Folk-Festivals, Märchenwochen, Theateraufführungen und Opern. Vielleicht finden Sie Zeit, die besondere Atmosphäre, das Farbenspiel des Kalksteingewölbes und die feintönige Akustik zu erleben.

Amecke | Mit der 'Sorpesee' auf dem Sorpesee

14 Dem Kapitän der 'Sorpesee' macht es überhaupt nichts aus, dass es am Sorpesee keine Stege gibt. Er steuert sein Ausflugsschiff mit dem vorn abgeschrägten Rumpf ganz einfach an den Strand – genauso wie es die Freizeitkapitäne mit ihren "Pötten" machen. Steigen Sie also zu und lassen Sie sich überraschen! Freizeit wird hier am Stausee groß geschrieben. Baden darf man überall. Auf den Zeltplätzen gibt es Segel-, Ruder- oder Tretboote zu mieten – die Auswahl ist groß. Vielleicht freunden Sie sich aber auch mit dem 20 Kilometer langen Seeufer an oder mit den Wäldern und Bergen ringsum. Autofrei präsentiert sich das Ostufer, das zum Wandern und Radfahren einlädt. Falls Sie ohne Fahrrad angereist sind: In Amecke und Langscheid gibt es Räder zu mieten. Für ein paar Stunden, auf ein paar Runden.

Warstein-Hirschberg | Als die Kohle noch aus Holz war

15 Schilder weisen Ihnen den Weg in den Wald, in dem einst nicht die Räuber hausten, sondern die Köhler. Auf welche Art und Weise, können Sie heute nachvollziehen: 1975 wurde unter Anleitung eines alten Köhlers auf historischem Boden ein Meiler angelegt – samt dazugehöriger Köhlerhütte. Eine Hinweistafel gibt Ihnen alle Erklärungen, sodass Sie nur noch ein bisschen Fantasie brauchen, um sich in frühere Zeiten zu versetzen. In die Zeit, als rußige Männer Holzscheit auf Holzscheit schichteten, das Ganze mit Erdreich und Wurzeln abdichteten und vierzehn Tage lang den rauchenden Meiler bewachten. Während dieser Zeit lebten Sie einsam und bei karger Kost in einer primitiven Behausung, die einem Indianerzelt ähnelte. Obwohl es manch einem von uns heute romantisch vorkommen mag: Das Leben der Köhler im Hirschberger Wald war mehr als armselig.

Warstein | Zauber der Unterwelt

16 In 75 Jahren 3,7 Millimeter, das ist das Wachstumstempo von Tropfsteinen. Und wenn die größte Säule der Bilsteinhöhle 2,19 Meter misst, ist ihr Alter kein Geheimnis mehr. Rechnen Sie es einmal nach, wenn Sie mit Mantel und Mütze in die glitzernde Unterwelt nahe Warstein aufbrechen. Den Mantel brauchen Sie, weil dort auch im Sommer nur 12 °C herrschen, die Mütze, weil es während der halbstündigen Führung von der Decke tropft. Die einzelnen Räume tragen so fantasiereiche Namen wie Nixen- und Burgengrotte, Räucherkammer oder Halle der sechzig Riesen. Alles können Sie besichtigen, bis auf den Höhlenbach, der unsichtbar bleibt: Er tritt erst in der Nähe des Waldhotels wieder ans Tageslicht.

Die Bilsteinhöhle befindet sich zusammen mit einem großen Tierpark im Warsteiner Bilsteintal. Auf dem Walderlebnispfad, bei der Luchsfütterung und bei Dam-, Schwarz- und Rotwild sind Sie das ganze Jahr über herzlich willkommen – mit oder ohne Futtertüte.

Bilsteinhöhle
April-Nov.
tgl. 9-16.30 Uhr,
Dez.-März
tgl. 10-11.30,
14-15.30 Uhr,
So. 9-15.30 Uhr
Wildpark
tgl. 9-18 Uhr

Rüthen-Kallenhardt | Hoh(l)er Stein

17 Sind Sie empfänglich für einen Geheimtipp? Dann lassen Sie Kallenhardt erst einmal auf seiner Bergkuppe liegen. Fahren Sie den Schildern nach, die zum Wanderparkplatz führen, wo Ihr Gang in die Steinzeit beginnt. Nach zehn Minuten sind Sie im Gefolge des Zeichens A 5 am ersten Etappenziel: dem Hohlen Stein. Zwei Eingänge hat diese steinzeitliche Felsenwohnung. Die Feuerstelle davor stammt aus unserer Zeit und steht Ihnen zur Verfügung. Doch zuvor setzen Sie Ihre Wanderung zum Hohen Stein fort. Immer am Flüsschen Lörmecke entlang führt der Weg zu einem Kalkfelsen mit Gipfelkreuz und Schutzhütte. Auf dem Rückweg begleitet Sie dann wieder die liebliche Tallandschaft – und die Vorfreude auf die Grillstation am Hohlen Stein, falls Ihr Rucksack gut gefüllt und gut sortiert ist.

Meschede-Eversberg | Dorfidylle

Heimatmuseum
Mittelstr. 12,
Di., Do., Sa. 15-18,
So. 11-12 Uhr

18 Auch wenn dies nicht der erste Gipfel ist, den Sie im 'Land der tausend Berge' erklommen haben: Den freien Blick vom Bergfried der Ruine Eversberg über den Arnsberger Wald werden Sie bestimmt nicht vergessen. Ihnen zu Füßen duckt sich das gleichnamige, idyllische Städtchen. Das historische Ortsbild wird Sie interessieren: Reich verzierte Fachwerkhäuser schmücken sich mit Symbolen und Inschriften und im sehenswerten Heimatmuseum lernen Sie vergangene Lebensart und Handwerkskunst kennen. In der jüngsten Vergangenheit gab es für Eversberg Gold, im Wettbewerb "Unser Dorf soll schöner werden" – als Landes- und Bundessieger.
Reichtum ganz anderer Natur finden Sie heute und sicher auch künftig rund um den malerischen Ort: Wald, soweit die Füße tragen.

Meschede | Verführung zu Wasser, Land und in der Luft

19 Das Angebot ist groß – rund um den Hennesee: Angeln ist überall erlaubt – wenn Sie sich einen Tagesschein besorgen. Zum Baden lädt der See am Westufer und im Vorbecken ein. Auf Nummer sicher gehen Sie an der idyllischen Berghauser Bucht, die für Schwimmer und Nichtschwimmer unterteilt ist. Hier bietet sich von der Liegewiese ein schöner Blick auf den See und das andere Ufer. Falls Sie jedoch mehr entdecken möchten: Zur Rundfahrt lädt das fast 32 m lange und über 6 m breite Fahrgastschiff 'MS Hennesee' ein und zur sportlichen Betätigung Ruder- und Tretboote. Startpunkt ist das Hennesee-Hotel. Auch an die vielen Wanderfreunde wurde hier gedacht: Markierte Wege führen rund um den See. Wenn Sie jedoch den Hennesee und alles was dazugehört im Flug erleben möchten: Startpunkt für Rundflüge ist der nahe Flugplatz Meschede-Schüren. Ein einzigartiges Erlebnis!

Bestwig-Ramsbeck | Unter Tage

20 Am 31. Januar 1974 fuhren zum letzten Mal Kumpel in das Ramsbecker Bergwerk ein. An ihre Stelle treten nun Touristen, die sich zuvor im Erzbergbaumuseum mit der Theorie vertraut machen können. Es informiert über den sauerländischen Erzbergbau vom Mittelalter bis zur heutigen Zeit. Aber es bietet nicht nur technische Sehenswürdigkeiten, sondern auch natürliche: eine Gesteins- und Mineraliensammlung, die Schönheit und Vielfalt der bekannten 'Ramsbecker Schichten' zeigt. Zünftig eingekleidet fahren Sie dann mit der geräuschvoll durch den Schacht rumpelnden Grubenbahn 1,5 Kilometer weit in den Dörnberg ein, zur rund 300 Meter tiefen Untertagestation, wo Sie ehemalige Bergleute zu einer ungewöhnlichen Führung durch die alten Stollen erwarten. Eine volle Stunde dauert die Berg- und Werkinformation. Erst dann gibt der Berg Sie wieder frei.

Erzbergbaumuseum/ Besucherbergwerk
Glück-Auf-Str. 3,
März-Nov.
Di.-So. 9-17 Uhr,
Jan. + Feb.
Do.-So. 9-17 Uhr

Bestwig-Wasserfall | Abenteuer pur

Fort Fun Abenteuerpark
Mai, Juni, Sept., Okt. Sa. + So. 10-17 Uhr, Juli + Aug. tgl. 10-17 Uhr

21 Eine der Sensationen im Fort Fun Abenteuerpark ist der "Fluss ohne Wiederkehr". Die prickelnde Stromschnellenfahrt auf 480 Metern Länge, vorbei an Wasserfällen und durch tosende Wellenberge, ist der absolute Hit in einmalig schöner Canyon-Lage – im "Rio Grande", dem "Wild River". Bleiben Sie im Wilden Westen und steigen Sie ein in die Original-Western-Dampfeisenbahn, die Sie in toller Fahrt zu Banditen, Überfällen und Saloon-Schlägereien entführt. Wenn der Zug dann fauchend in den Bahnhof einfährt, ist die Illusion vollkommen. Damit Sie die Ausdehnungen des Parks besser bewältigen können, wurde zusätzlich zum Sessellift eine Einschienenbahn gebaut. Sechs Züge gleiten über ein 2500 Meter langes Streckennetz, das auf mehr als 180 Säulen ruht. Der Ausblick von dort oben ist fantastisch, die Übersicht großartig und das Vergnügen unbeschreiblich.

Olsberg-Elpe | Himmlisches Gleiten

22 Erst trägst Du ihn, dann trägt er Dich! Unter diesem Motto werden seit über 30 Jahren Drachen- und heutzutage vor allem Gleitschirmpiloten für diese faszinierenden Sportarten begeistert. Im und auf dem Schulungsgelände des Flugzentrums Elpe werden Träume, einmal aus eigener Kraft und ohne Motor in die dritte Dimension zu entschweben, wahr. Und wenn Sie erst alleine in lautlosem Flug vom Steinmarkskopf zum Landeplatz herunter gleiten, dann besteht die Gefahr, dass Sie dem schwerelosen Dahinschweben mit Haut und Haar verfallen. Brechen Sie auf, wann immer Sie wollen, denn das Flugzentrum Elpe bietet Ihnen ganzjährig die Gelegenheit, sich in die Lüfte zu begeben. Wenn Sie sich aber das Ganze erst einmal von unten ansehen und gleich die Landschaft zum Wandern nutzen wollen, dann sollten Sie die Runde so planen, dass Sie an der Landewiese wieder ankommen. Dort lädt Sie dann die Elper-Hütte zum gemütlichen Tagesausklang ein.

Olsberg-Gevelinghausen | Landpartie mit Hü und Hott

23 Mit einem rustikalen Planwagen durch die Sauerländer Berge fahren, die Welt vom Kutschbock aus erleben, anhalten, wann und wo es Spass macht, im Freien kochen – diesen Traum können Sie sich erfüllen. Zum Ausprobieren empfiehlt sich erst einmal ein Tagesausflug oder eine Wochenendfahrt. Doch das richtige Abenteuer beginnt erst dann, wenn Sie mit Peitschenknall im Schlosshof in Gevelinghausen zu einer mehrtägigen Fahrt aufbrechen: zum so genannten Ranger-Urlaub. In dieser Zeit ist der rollende Wagen Ihr Heim, während Ihre beiden Rösser in Vertragsbauernhöfen gut untergebracht sind. Sie können diese Anfahrtspunkte und Ihren Weg dorthin nicht verfehlen, denn die vorgeschriebene Route ist mit einem Pferdekopf gekennzeichnet. Was Sie sonst noch alles wissen müssen, erfahren Sie über die Kurverwaltung in der Ortschaft Olsberg.

Olsberg-Assinghausen | Ausgezeichnetes Dorf

24 Die Bundesgoldplakette, die höchste Auszeichnung, die im Wettbewerb "Unser Dorf soll schöner werden" zu vergeben ist, erhielt vor ca. 15 Jahren Assinghausen. Um diesen ausgezeichneten Ortsteil von Olsberg ragt ein Kranz bewaldeter Höhen auf: das Langenbergmassiv mit einer wunderschönen Hochheide, die Steinheller Berge mit den größten Höhenunterschieden des Sauerlandes und die "Bruchhauser Steine" mit ihren bis zu neunzig Meter senkrecht abfallenden Felswänden. Besuchen Sie diesen reizvollen Ort mit seinen jahrhundertealten Fachwerkhäusern und besichtigen Sie den Zehntspeicher von 1556. Interessant ist auch das alte Pastorat und natürlich das Grimmehaus. Vielleicht spazieren Sie anschließend durch die Grimmestraße, benannt nach dem Sauerländer Heimatdichter F. W. Grimme, der hier geboren wurde. Sein Denkmal bildet den Ortsmittelpunkt.

Olsberg-Bruchhausen | Aufstieg in die Steinzeit

25 Ein kulturgeschichtliches Denkmal allerersten Ranges stellen die "Bruchhauser Steine" dar, die älteste Wallburg des Sauerlandes. Sie können sie bei Ihrem Aufstieg zum Istenberg gar nicht verfehlen, denn dort ragen unübersehbar die vier kantigen Porphyrfelsen aus dem Wald. Falls Sie mehr über die älteste Wallburg Westfalens wissen wollen – das Modell auf dem Parkplatz gibt Ihnen hinreichend Aufschluss. Von den vier Felsenriesen nimmt der fast 92 Meter hohe Bornstein den Spitzenplatz ein. Der Goldstein folgt mit 60 Metern, der Ravenstein ist 72 Meter hoch, und der auf 756 Meter Höhe liegende Feldstein misst 45 Meter. Ihn können Sie erklimmen – Stufen und Geländer machen es möglich.

Brilon | Hansestadt mit Schieferkleid

Haus des Gastes
Gartenstraße,
Mo., Di., Fr. 10-12 Uhr,
Mi. 15-17 Uhr

26 Auf dem Marktplatz in Brilon steht der Petrusbrunnen, im Volksmund auch "Kump" genannt. Er ist Ausgangs- und Endpunkt der Briloner Schnadezüge (historische Grenzmärsche entlang den Ortsgrenzen, die die einheimischen Grenzen wahren und den Grenzstreitigkeiten vorbeugen sollten). Beginnen Sie Ihren Stadtrundgang an diesem markanten Punkt: Das Rathaus, um 1250 erbaut und eines der ältesten in Deutschland, diente im Mittelalter dem Marktgeschehen. Spazieren Sie nun durch die Straßen und Gassen: Im Haus des Gastes erwartet Sie eine sehenswerte Sammlung gusseiserner Öfen. Unterwegs entdecken Sie das Fachwerk-Brilon mit seinem Schieferzauber. Ob Zapfen- oder Schuppendeckung: Dächer und Hauswände sind "musterhaft". Lassen Sie ihre Augen hier einmal spazieren gehen.

Diemelsee | Der Waldsee, der die Nordsee speist

27 An Größe kann die Diemel-Talsperre manch anderem Gewässer das Wasser nicht reichen, beim Freizeitspaß im kühlen Nass hat sie dagegen gute Karten. Ein kleines Ausflugsschiff fährt geruhsam – ohne die Stille der Natur zu stören – auf dem See, dessen Wasser zur Weser und weiter zur Nordsee fließt. Falls Sie jedoch lieber allein oder zu zweit auf kleine Fahrt gehen wollen, können Sie segeln, surfen oder rudern. Baden Sie vom Bootsrand aus oder suchen Sie sich am Ufer ein verstecktes Plätzchen. Im Naturpark Diemelsee führen fast alle Wanderwege über kurz oder lang wieder ans Ufer zurück. Hier hat auch ein Picknick seinen reizvollen Rahmen, falls Sie nicht lieber in einem der gemütlichen Gasthöfe rund um den fischreichen See zum Tagesausklang einkehren wollen.

Diemelsee-Adorf | Schätze aus den Tiefen der Erde

28 In Adorf und Umgebung hat der Bergbau eine über 800-jährige Geschichte. In Bruderschaften zusammengeschlossen, bauten damals Knappen an 120 Schürfstellen Roteisenerz ab. Mit primitiven Mitteln und Werkzeugen wurde das Erz über Schächte gefördert. Auf einer 1200 Meter langen Untertagestrecke erklärt Ihnen ein ehemaliger Knappe der "Grube Christiane" alles über die Techniken und Arbeitsbedingungen. In den Räumen der ehemaligen Aufbereitungsanlage unterhalb des Fördertums finden Sie das angeschlossene Bergwerksmuseum. Gleich neben der Eingangstür befindet sich noch die originale Rolle, in der das Erz von oben auf die Förderbänder fiel, von denen dann in mühevoller Handarbeit das "taube Gestein" aussortiert wurde. Gehen Sie weiter und entdecken Sie die umfangreiche Gesteins- und Mineraliensammlung aus dem Adorfer Raum und betrachten Sie die Geräte und Werkzeuge aus der Abbauzeit.

Grube Christiane und Bergwerksmuseum
Ostern-Okt.
Mi. 14-17, Sa. 13-17,
So. 10-17 Uhr

Willingen | Ein Paradies für Kinder

Wild- und Freizeitpark
Am Ettelsberg, tgl. 9-18 Uhr

29 Am Ettelsberg ist das ganze Jahr über Saison: Im Wild- und Freizeitpark hoch über Willingen erwarten Sie Attraktionen am laufenden Band. Gleich am Eingang laden alte Traktoren, Motorradveteranen und Sportwagen-Oldtimer zu einer Reise in die Vergangenheit ein. Und im angeschlossenen Wildparkgehege fühlen sich neben exotischen Tieren auch Waschbär und Iltis wohl. In der Falknerei erfahren Sie interessante Details über die Arbeit des Falkners mit seinen stolzen Greifvögeln. Im Hochwald des großen Parks stehen Märchenhäuser und liebevoll gestaltete Märchenfiguren. Besonders beliebt sind die Zaubermühle sowie Ali Baba und die vierzig Räuber. Trubel herrscht rund um die fantasievoll gestalteten Geräte im Freizeitpark. Hier dürfen die Kleinen so richtig toben und mit der Parkeisenbahn bimmelnd durch Tunnel und Bergwerk fahren. Ein Spaß, nicht nur für Kinder, denn auch manch Erwachsener ist für Märchen aufgeschlossen.

Willingen | Zwischen den sieben Bergen

Lagunenerlebnisbad
Auf dem Hagen, tgl. 9-23 Uhr

30 Im Upland, dem Oberland zwischen den sieben höchsten Bergen des Sauerlandes, ist der Wunsch, nach oben zu kommen, verständlich. Moderne Aufstiegshilfen erleichtern Ihnen Ihr Vorhaben. So schweben Sie in rund fünf Minuten in einer der modernsten Kabinenseilbahnen Deutschlands, über Heidekraut und Blaubeerbüsche hinweg, hinauf auf den Ettelsberg. Dort oben, auf 838 Metern Höhe, blicken Sie über eine eindrucksvolle Mittelgebirgslandschaft und auf den Langenberg, der mit 843 Metern der höchste des Sauerlandes ist. Nach der Einkehr in der Ettelsberghütte wandern Sie durch das Hoppecketal zur Großen Heide, die im Spätsommer ihre ganze Blütenpracht entfaltet. Und bei schlechtem Wetter können Sie im Lagunen-Erlebnisbad unter Palmen herrlich in den Tag träumen.

Willingen | Schiefer-Eindruck

31 Im Jahre 1864 wurde im ersten Stollen der Betrieb aufgenommen, 1971 stellte man den nun nicht mehr rentablen Abbau wieder ein. Doch als Besucherbergwerk hält die Schiefergrube "Christine" weiterhin ihre Pforten geöffnet. Schiefer sehen Sie ja überall im Sauerland, auf den Dächern und an den Hauswänden. Wussten Sie, dass dieses Gestein 350 bis 400 Mio. Jahre alt ist? In der "Grube Christine" erleben Sie, wie das graue Gestein in großen Blöcken herausgesprengt und zur Weiterverarbeitung zu Tage gefördert wurde. Sie sehen auch, wie beschwerlich die Arbeit in den Stollen früher war, und wie viel Geschick und Erfahrung dazu gehörten, die Rohblöcke zu spalten und zu handlichen Platten zurechtzuschneiden. Zum Abschluss der Führung gibt man Ihnen vor Ort eine Kostprobe dieser Kunst. Sie werden staunen: Millimeterarbeit – mit Hammer und Meißel.

Schiefergrube Christine
Führungen: Mi.-Sa. 10-16, So. 10, 11 Uhr

Winterberg-Elkeringhausen | Quellensegen

32 Rund um Winterberg entspringen so viele Bäche, dass die Namen nicht reichten und einer "namenlos" blieb – und auch so heißt. Dagegen hat die Orke nicht nur einen Namen, sondern sich auch einen gemacht – durch attraktive Flusswanderungen. Ein Erlebnis, ab Wanderparkplatz "Ehrenscheider Mühle", diesem munteren Bach und seinem weidengesäumten Uferstreifen zu folgen. Wenn Sie nun laufend Ihr Wissen auffrischen wollen, fädeln Sie sich an der Mühle auf den "Historischen Wanderpfad" ein. Für eine Tour zur Ruhrquelle aber suchen Sie in Elkeringhausen den ersten roten Punkt für Ihren roten Faden. Was da am Ende bescheiden aus einer hufeisenförmigen Steinmauer quillt, macht später Karriere als Namensgeber eines der größten europäischen Industriereviere. Und als Wasserspender. Genau 218 Ruhrkilometer sind es von der Quelle bis zur Mündung.

Winterberg | Springender Punkt

33 Der höchstgelegene Ort Westdeutschlands liegt Ihnen immer noch nicht hoch genug? Dann besteigen Sie sein Wahrzeichen, die St.-Georg-Sprungschanze, deren kühner Bogen eine Spannweite von 48 Metern hat und sich auf eine Höhe von 22 Metern wölbt. Von der Plattform dürfen Sie im Sommer Winterbergs Berge ringsum in Augenschein nehmen und einen Blick in die Tiefe riskieren, die Skispringer so magisch an- und herabzieht. Der Höhenunterschied zwischen Turmspitze und Talsohle beträgt rund 100 Meter. Ebenso faszinierend ist die Bob- und Rodelbahn, deren unteres Drittel für Freizeitrodler freigegeben ist – im Winter, wenn Winterberg seinem Namen alle Ehre macht und die Landschaft schneeweiß erstrahlt.

Winterberg | Sauerland-Rekorde

34 Auf dem Kahlen Asten wird täglich das Wetter für ganz Nordrhein-Westfalen erkundet und verkündet. Deshalb ist er der wichtigste Berg des Landes, wenn auch mit 841 Metern nicht der höchste. Die Aussichtsplattform des Astenturms bietet fantastische Fernblicke über das Sauerland und Wittgensteiner Land. Dabei wird Ihnen auch klar, warum der Kahle Asten "Vater der tausend Berge" genannt wird: Er ist der eigentliche Mittelpunkt des Hochsauerlandes, gilt als ziemlich schneesicher und ist darum ein Bretter- und Kufendorado. Im "Skiliftkarussel Winterberg" stehen den Wintersportfans 21 Liftanlagen zur Verfügung. Die Schwierigkeitsgrade der Pisten reichen von leicht (blau) bis sehr schwer (schwarz). So ist jedem

was geboten. Und will Frau Holle partout ihre Betten nicht ausschütteln, sorgen Schneekanonen für die notwendige Grundlage. Wenn die Beine, müde vom Wedeln, nach einer Pause verlangen, ist ein letzter Schwung vonnöten: der Einkehrschwung. Und Einkehrmöglichkeiten gibt es genug: Ob Herloh- oder Ussa's Hütte, ob Skihütte "Rauer Bursch" oder "Poppenberg", alle haben Deftiges auf der Speisekarte. Winterberg lädt aber auch zum Wandern ein. Einer der vielen Wege führt zur Lennequelle, der höchstgelegenen Quelle Westdeutschlands – wieder ein Rekord. Ein Rinnsal zuerst, das immerhin zu einer Länge von 129 Kilometern anschwillt. Übrigens – die Lenne ist der wasserreichste und damit wichtigste Nebenfluss der Ruhr.

Hallenberg | Festival zu festen Zeiten

35 Selbst wenn das Wetter einmal unaufgefordert die Regie übernimmt: Die theaterbegeisterten Hallenberger geben noch lange nicht auf! Und da das Publikum unter einem schützenden Dach sitzt, beginnt das Spiel immer termingerecht. Auf dem Programm stehen Märchenspiele und Volksstücke. Aber auch die Passion hat Tradition auf der Freilichtbühne, deren 84 Meter breite Spielfläche malerisch in die Natur eingebettet ist. Vor dieser natürlichen Kulisse bereiten 100 leidenschaftliche Laienspieler begeisterten Zuschauern ein Fest. Ebenso bekannt ist das Spektakel, das in der Osternacht in den Gassen des Städtchens aufgeführt wird, wenn sich ein lärmender Zug um Mitternacht an der alten Pfarrkirche in Bewegung setzt. Dieser Termin steht immer fest. Die anderen müssen Sie bei der Freilichtbühne Hallenberg jedes Jahr aufs Neue erfragen. Und wenn einmal keine Veranstaltung ansteht? Bummeln Sie durch Hallenberg, besuchen Sie die Kirche St. Heribert aus dem 13. Jahrhundert oder die Wallfahrtskirche Maria Himmelfahrt aus dem 12. Jahrhundert.

Frankenberg (Eder) | Kunst im und am Bau

36 Welchen Rat soll man einer Stadt geben, deren offizielles Leben sich auf zwei Ebenen abspielt – in der Unter- und der Oberstadt? Zunächst einmal den, das Rathaus "vermittelnd" zwischen die beiden Stadtbereiche zu setzen. So vollzogen im Jahre 1509 im Fachwerkstädtchen Frankenberg. Zehn Türme krönen dieses malerische Bauwerk. Folgen Sie den Schnitzereien über den Portalen, so gelangen Sie in die gotische Markthalle. In dieser Stadt wird und wurde Holz- und Schnitzwerk immer groß geschrieben. Auf dem Weg in das ehemalige Kloster St. Georgenberg, heute Kreisheimatmuseum mit sehenswerten Exponaten, erwartet Sie Kostbares: gemaltes Mittelalter an der Decke der Liebfrauenkirche. Historischen Boden finden Sie auch oberhalb der Kirche – mit schönem Blick auf das Städtchen und auf die Idylle im Edertal.

Kreisheimatmuseum
Bahnhofstr. 8-14,
Di. + Fr. 10-12 Uhr,
Mi. 15-17 Uhr,
So. 13-17 Uhr

Allendorf (Eder) | Zum Weekend Hoch- und Flugbetrieb

37 Manche Besucher sind nicht so mutig und schauen sich das Ganze wahrscheinlich erst einmal vom Boden aus an – bei Kaffee und Kuchen in der Fliegerklause. Während die anderen gleich zur Sache kommen und folglich in die Luft gehen, um das Ederbergland aus der Vogelperspektive zu betrachten. Luftsprünge zu Selbstkostenpreisen offeriert Ihnen der Luftsportverein Ederbergland. Dauer und Ziel Ihres "Höhenfluges" bestimmen Sie selbst und auch das Beförderungsmittel: Segelflugzeug oder Motorflieger stehen zur Wahl. Im ersten Fall fliegen Sie allein mit dem Piloten, im anderen haben Sie zwei Mitpassagiere. Sind Sie interessiert? Dann rufen Sie den Tower an und reservieren Ihren Flug in luftige Höhen. Sie werden unvergessliche Momente weit entfernt vom hektischen Alltag erleben.

Bad Berleburg | Adel-Museum

38 Auch wenn Bad Berleburg keine Residenzstadt mehr ist: Noch immer residieren die Fürsten zu Sayn-Wittgenstein hoch über der Altstadt in ihrem Schloss. Im dortigen Museum sind Teile der fürstlichen Kunstsammlung mit Porträts der Familie Sayn-Wittgenstein-Berleburg sowie kostbare Möbel zu besichtigen. Das Jagd- und Porzellanzimmer gibt so manches interessante Detail über die Sammelleidenschaft der Schlossbewohner preis. Die größte Rarität ist jedoch ein Reisewagen, mit dem sich Fürsten und Landesherren über holperige Straßen zum Reichstag ins ferne Regensburg begaben. Falls Sie danach im Park spazieren gehen wollen: Er ist mit seinem alten Baumbestand für Besucher ebenso "aufgeschlossen" wie das Kneipp-Heilbad selbst – ein typischer Sauerlandort mit viel Fachwerk, Schiefer und Klappläden.

Museum Schloss Berleburg
Führungen:
Mai-Sept. tgl.
10.30 + 14.30 Uhr,
Okt.-April
Di., Do., Sa. + So.
14.30 Uhr

Schmallenberg-Grafschaft | Bergbebauung

39 Ausflügler waren die Letzten, die den Wilzenberg für sich entdeckten; ihnen verdanken Berg und Bergsteiger den Aussichtsturm. Zuvor jedoch kamen die Pilger, die vor 500 Jahren zum ersten Mal eine Kapelle errichteten. Das allererste Bauwerk auf dem Gipfel war die vor rund 2000 Jahren angelegte Fluchtburg. Wenn Sie von Grafschaft herüber wandern, benötigen Sie eine gute Stunde. Vom Parkplatz am Wilzenberg sind es dagegen nur dreißig Minuten blumen- und buchengesäumten Weges. Oben finden Sie eine Schutzhütte und ein 28 Meter hohes Gipfelkreuz. Ein paar Schritte weiter erwartet Sie dann der Aussichtsturm – und eine gute Fernsicht über weite Wälder und das Flickenmuster der Felder und Wiesen.

Schmallenberg-Holthausen | Das Schieferdorf aus dem Bilderbuch

Schieferbergbau- und Heimatmuseum
Mi., Fr., Sa. 15-17 Uhr, So. 10-12 Uhr

40 Fast jeder zehnte Einwohner des Bilderbuchdorfes Holthausen im Rothaargebirge hat mit Schiefer zu tun. Der wird zwar im benachbarten Fredeburg gebrochen, doch in der Grube Magog, hier in Holthausen, erfahren Sie, wie das geschieht und was mit dem Schiefer passiert, wenn die Blöcke und Platten erst aus dem Berg gebrochen sind. Schauplatz ist das Schieferbergbaumuseum. Es fand sein Domizil in der ehemaligen Dorfschule und ist zugleich Heimatmuseum. Hier erfahren Sie alles über Schiefer – von seiner Bearbeitung zur Wandtafel beispielsweise oder zur schmucken und wetterfesten Häuserfront. Ebenso anschaulich erzählt das Museum vom bäuerlichen Leben und von allem, was draußen kreucht und fleucht, wächst und gedeiht.

Schmallenberg-Bad Fredeburg | Blick in die Gefängniszelle

Gerichtsmuseum
Im Ohle, Besichtigung nach Vereinbarung
Waldarbeitermuseum Latrop
Alte Mühle Latrop tgl. 9-18 Uhr

41 Die Holzpritsche ist ebenso original erhalten wie die Armesünderbank, das Stehpult oder die Siegelpresse: Das Gerichtsmuseum im Bad Fredeburger Amtsgerichtsgebäude hält so manche Überraschung bereit. So ist ein Galgen zu sehen, der die frühere Strafvollstreckung demonstriert aber auch ein Scheiterhaufen, der an die Hexenverfolgung erinnert. Wer einen Blick in die alte Gefängniszelle wirft, erkennt, in welch karger Umgebung Gefangene früher ihre Strafe verbüßen mussten. Alle, die sich für das historische Gerichtswesen interessieren und zum Beispiel wissen möchten, wie Femegerichte funktionierten, sind in diesem Museum genau richtig.

Ein Museum ganz anderer Art erwartet Sie im Stadtteil Latrop: In der Alten Mühle wurde ein Waldarbeitermuseum eingerichtet. Dort verdeutlichen u.a. alte Werkzeuge und Bilder den Wandel der heimischen Forstwirtschaft.

Alte Mühle mit Backhaus
Cobbenrode,
Mi. + Sa. 15-17 Uhr

Eslohe-Cobbenrode | Steinofenbrot – ein schmackhaftes Mitbringsel

42 Die alte Getreidemühle in Cobbenrode, deren Ursprung im 17./18. Jahrhundert liegt, lädt Sie zur Besichtigung ein. Kommen Sie in der Gruppe und zu anderen Zeiten, wenden Sie sich an den Verkehrsverein Cobbenrode in Eslohe. Vor Ort wird Ihnen die Funktion der Wasserkraft originalgetreu demonstriert. Beachten Sie auch die gut erhaltene Mühlentechnik, die es ermöglicht, wie zu Großvaters Zeiten Korn zu mahlen. Neben der Mühle befindet sich ein kleines Backhaus, auch "Backes" genannt. In einem alten Steinbackofen aus dem Jahre 1903 wird jeden ersten Samstag im Monat das typische Steinofenbrot gebacken. Wenn Sie wollen, dürfen Sie es selbst versuchen. Dieses deftige, ausschließlich mit Buchenholz gebackene Brot ist sehr schmackhaft: ein selbst gebackenes Mitbringsel aus Cobbenrode!

Lennestadt-Elspe | Auf in die Indianerwelt

43 Diese Attraktion darf sich keiner entgehen lassen: Es ist die Geschichte vom Übeltäter Cornel Brinkley, der auf der Suche nach dem legendären Schatz im Silbersee kein Verbrechen scheut, schließlich aber von Winnetou, dem Häuptling der Apachen, und seinem Blutsbruder Old Shatterhand gestellt wird. Doch nicht nur sie, auch Dutzende von Rothäuten und Bleichgesichtern sowie über fünfzig Pferde lassen die Fantasiewelt Karl Mays auf der Freilichtbühne Elspe lebendig werden. Kaskadeure zeigen trickreich ihre atemberaubenden Künste mit Mann und Pferd – frei nach Karl May.
Sauerlands "Wilder Westen" findet auf einem 14 Hektar großen Naturgelände statt. Die Open-Air-Bühne allein ist 96 Meter breit und 25 Meter ansteigend und die Bühnenlandschaft eine Naturkulisse aus Kalksteinfelsen, mit Heidegras und großen Wacholderbüschen. 75 000 Liter Wasser pro Minute rauschen vom 18 Meter hohen und 10 Meter breiten Wasserfall in die Tiefe, eine Westerneisenbahn mit Dampflok und drei Wagen rumpelt über die Bühne. Die Sitzplätze für die nahezu 4000 Zuschauer sind "wetterunabhängig", denn ein großes pfeilerfreies Zeltdach schützt vor plötzlich eintretendem Regen.

Lennestadt | Pracht der 'Hohen Bracht'

44 Eigentlich müsste die 'Hohe Bracht' sich mit "P" schreiben. Denn der Blick vom dreißig Meter hohen Aussichtsturm auf der 624-Meter-Erhebung ist geradezu prachtvoll. Sie überschauen einen guten Teil der tausend sauerländischen Berge: Kahler Asten, Bastenberg, Homert, Wilde Wiese – und wie sie alle miteinander heißen. Falls Sie nicht nur in Gedanken bergsteigen wollen: Vertrauen Sie sich der Wanderwegetafel am Fuße des Aussichtsturmes an. Sie informiert genau über Ziele, Zeiten und Kilometer. Falls Sie im Sauerland noch höher hinaus wollen, ist der Rhein-Weser-Turm Ihr Zielpunkt. Dort sehen Sie nicht nur über Stadt und Land, sondern stehen auch zwischen zwei Flüssen – auf der Wasserscheide von Rhein und Weser.

Kirchhundem-Oberhundem | Spaß und viel Natur

Panorama-Park Sauerland
Rinsecker Str. 100,
Mitte April-Okt.
Di.-So. 10-17 Uhr
Wildpark
ganzjährig geöffnet

45 Im Panorama-Park Sauerland mit seinem angeschlossenen Wildpark erwarten Sie vielfältige Attraktionen, viel Spaß und jede Menge Spannung. Mit der Sommerrodelbahn 'Fichtenflitzer' geht's rasant zu Tal, Riesentrampolin und Mega-Hüpfkissen erfordern volle Konzentration und Kondition. Kettcarbahn, Sand-Oase, Fun-House, das Rutschenparadies und viele weitere Attraktionen warten auf die ganze Familie. In einem weitläufigen Wild- und Naturpark können Sie zahlreiche Tierarten hautnah erleben: Wölfe, Luchse, Bisons, Otter, Rot-, Dam- und Sikawild sowie andere tierische Zwei- und Vierbeiner freuen sich auf Ihren Besuch. Tägliche Höhepunkte sind die beiden Greifvogel-Flugshows, während sich im großzügig angelegten Streichelzoo die Kleinen so richtig wohl fühlen. Eine große Rhododendron-Allee, ein üppiger Pflanzengarten und zahlreiche Wanderwege auf einer Fläche von ca. 800.000 m^2 machen den Park für jeden Naturliebhaber zum erholsamen Fleck in einer grandiosen Landschaft.

Attendorn | Von der Hölle zum Himmelreich

46 Der Weg zum "Himmelreich" führt durch die "Hölle". So heißt nämlich die gewaltige Schlucht am Ende der Atta-Höhle mit ihren wunderschön glitzernden Tropfsteinen. Im Sommer 1907 führte eine Sprengung bei Steinbrucharbeiten zur Entdeckung dieses unterirdischen Zauberreichs, dessen bizarre Formen auch Sie begeistern und Ihre Fantasie beflügeln werden. Eisbär, Orgel, Siegessäule, Thron und viele andere mehr sind hier – Tropfen für Tropfen – in unvorstellbar langen Zeiträumen gewachsen – ein Wunder der Natur. Die eindrucksvollsten Gebilde haben ihren Ehrenplatz in der Wolken- und Ruhmeshalle, der Alhambra-Grotte und am Blauen See. Sie werden begeistert sein!
Nach Ihrem Besuch in der "Hölle" erwartet Sie das (Restaurant) "Himmelreich". Hier können sie gemütlich verweilen, um anschließend der Stadt Attendorn hinter die Kulissen zu schauen.

Atta-Höhle
Jan.-März, Nov., Dez., Di.-So.
10.30-15.30 Uhr,
April, Sept., Okt.
tgl. 10-16 Uhr,
Mai-Aug.
tgl. 9.30-16.30 Uhr

Attendorn | Königliche Kaiserburg

47 Wenn Sie der "Königin" unter den sauerländischen Burgen Ihre Reverenz erweisen wollen, müssen Sie Attendorn aufsuchen. Dort thront die Burg Schnellenberg majestätisch oberhalb der Stadt. Ihre überragende Stellung kommt nicht von ungefähr: Die im Jahre 1222 vom Kölner Erzbischof erbaute Feste war später direkt dem Kaiser unterstellt, was sie zum einen fast unangreifbar machte und zum anderen ihren guten Zustand erklärt. Bei Ihrem Rundgang durch das geschichtsträchtige Bauwerk und beim Besuch des Burgmuseums treffen Sie auf zahlreiche Zeugnisse verschiedenster Epochen. U.a. befinden sich Dokumente, Rüstungen und Waffen in dieser wahrhaft "ritterlichen" Sammlung. Und wo einst die Ritter tafelten, werden Sie heute mit kulinarischen Genüssen der vielseitigen Hotel-Küche verwöhnt.

Attendorn-Biggesee | Logenplätze an Bord

48 Wenn Sie wollen, können Sie sogar mit dem Zug vorfahren, denn der Bahnhof Sondern liegt gegenüber der Anlegestelle am Biggesee. Und außerdem führt eine romantische Bahnstrecke am See entlang. Nun nehmen Sie aber zuerst einmal Platz an Bord eines der weißen Ausflugsschiffe, die auf dem Biggesee kreuzen, Westfalens größter Talsperre. Zwei Stunden dauert die Rundfahrt auf dem Hauptsee, bei der Sie auch an der doppelstöckigen Listertalbrücke vorbei tuckern. Ein schönes Fotomotiv. Wieder an Land lockt die nostalgische Bahnfahrt – gemächlich am See entlang.

Freudenberg | Fachwerkvielfalt

49 Hier erleben Sie Ihr schwarzweißes Fachwerkwunder: Türen, Fenster und tausend andere Details werden Sie entzücken – mit und ohne gezückter Kamera. Denn der "Alte Flecken", so heißt die Altstadt, ist ein Architekturdenkmal von internationalem Rang. Im Kulturatlas von Nordrhein-Westfalen hat er seinen festen Platz. Wenn Sie mit offenen Augen durch die Post-, Unter-, Mittel- und Marktstraße bummeln, wird Ihnen die Regelmäßigkeit der Stadtanlage auffallen. Das hat seinen Grund, denn nach dem großen Brand von 1540 wurde Freudenberg "planmäßig" neu angelegt. Und als 1666 eine neue Feuersbrunst die Reißbrettstadt – bis auf Haus Nr. 3 in der Kölner Straße – in Schutt und Asche legte, wurden alle Häuser originalgetreu wieder aufgebaut.

Siegen | Geschichte auf zwei Ebenen

50 Wo es ein Unteres Schloss gibt, muss es auch ein Oberes geben. Und das sollten Sie unbedingt aufsuchen. Nicht nur, weil es das bedeutendste weltliche Bauwerk des Siegerlandes ist, sondern weil es auch dessen Geschichte beherbergt. Denn im Stammschloss der Nassauer hat das Siegerland-Museum, ein Regionalmuseum für Kunst und Kulturgeschichte, ein würdiges Domizil gefunden. Im Oraniersaal wurde 1531 eine für die Niederlande entscheidende Ehe durch die Heimführung der Braut besiegelt. Dieser Verbindung entsprang der spätere Befreier des Landes, Prinz Wilhelm von Oranien. Im Raum Nr. 11 hängen neun Gemälde des Barockmalers Rubens, der sich in allen Sparten der Künste übte. Er kam 1577 in Siegen zur Welt und in Antwerpen zu Weltruhm.
Vierzehn Meter unter dem Schlosshof wird ein Schaubergwerk zur Schau gestellt. Sie sehen dort "Steiger bei der Arbeit" und Beispiele für das, was im Siegerland zu Tage gefördert wurde.

Siegerland-Museum
Oberes Schloss,
Di.-So. 10-17 Uhr

Siegen | Wo einst Kutscher kneipten

51 Ob es nun wahr ist oder nicht, dass bei den Kutschern das Bier in Strömen floss: Gewiss ist jedenfalls, dass das 'Gasthaus Peun', Siegens ältestes Lokal, am Anfang eine Fuhrmannskneipe war. Erbaut im Jahre 1698 oder früher – festgehalten ist nur, dass 1698 der erste Weinzins entrichtet werden musste – war das Haus Station für Händler, die mit ihren Pferde- und Ochsenfuhrwerken über die Eisenstraße nach Siegen kamen, um hier Handel zu treiben. Den Abschluss guter Geschäfte feierten sie mit Kollegen, Freunden und aus der Stadt kommenden Advokaten und Stadtverordneten. Aber auch Arbeiter, Spielmannsleute und mancherlei Zünfte nahmen hier nach getaner Tagesarbeit ihren Feierabendtrunk. Und diese Tradition wird weiter fortgeführt. Genießen Sie in diesem schönen Haus mit seiner fantasievoll ausgemalten Fachwerkfassade die hervorragenden Speisen mit ihren frischen Zutaten, ohne Farbstoffe oder Geschmacksverstärker. Und das Bier fließt immer noch: sechs verschiedene Sorten gibt es frisch vom Fass – und mindestens doppelt so viele Weine sind im Ausschank.

Gaststätte Peun
Oststr. 15,
Mo.-Sa. 17-24 Uhr

Hilchenbach-Müsen | Waagerecht in die Tiefe

Stahlberger Erbstollen Müsen
Stollenhalde 4, März-Nov. 2. So. im Monat, 14.30-16.30 Uhr

52 Die Bezeichnung "Berg-Werk" ist hier wörtlich zu nehmen. Der Müsener Stahlbergstollen wurde nicht in die Tiefe, sondern waagerecht in den Bergrücken getrieben. Ursprünglich nur als Wasserabfluss für das Bergbaurevier am Kindelsberg gedacht, konnte die Grube auch zum Abbau von hochwertigen Erzen genutzt werden. Durch einen schnurgeraden Gang gelangen Sie in einen Abbauraum, in dem Sie noch alles so vorfinden, wie zu jener Zeit, als der Bergmann hier unter Tage sein mühseliges Tagewerk verrichtete. Nach der Führungs-"Schicht" erfahren Sie im alten "Bethaus" Wissenswertes zur Bergbaugeschichte des Siegerlandes. Dass diese sogar bis ins Mittelalter reicht, erleben Sie auf dem Altenberg anhand einer ausgegrabenen Bergmannssiedlung.

Hilchenbach-Lützel | Rund um die "burk zu giensberge"

53 Der Parkplatz "Ginsberger Heide" oberhalb von Lützel lädt mehr als nur zum Parken ein. Hier haben Sie immer mehrere Ziele vor Augen. Um Ihnen die Entscheidung leichter zu machen, sei zum Auftakt die jahrhundertealte Ginsburg, die inmitten einer wildromantischen Landschaft liegt, empfohlen. "Erobern" Sie Burg und Bergfried, denn von dort oben sehen Sie das Siegerland – und mit ein wenig Fantasie das stattliche Heer rund um die "burk zu giensberge", das Wilhelm von Oranien 1568 zur Befreiung der Niederlande hier versammelte. Teile der Heerscharen lagerten damals auf der Ginsberger Heide. Sie kommen an ihr vorbei, wenn Sie zum Aussichtsberg Giller wandern, der Sie im Winter zum Schlitten- oder Skifahren einlädt. Vielleicht kehren Sie auch auf dem Rückweg im Restaurant "Ginsberger Heide" ein – oder Sie grillen selbst am Rastplatz.

Ginsburg
Sa. + So. 13-18 Uhr

Netphen | Still und stumm und laut drum herum

54 Hier erleben Sie Gegensätze, die sich anziehen. Wenn Sie einsame Natur bevorzugen, wird es Ihnen am Obernaustausee gefallen. Denn dort ist Motorenlärm und Badegeschrei verboten – alles, was das Leben am Wasser laut und lustig macht. Stille total, auf zehn Kilometern Länge. Der Rundkurs zwischen den lupinengesäumten Uferstreifen und bewaldeten Höhen ist für Wanderer genauso bequem wie für Radler. Räder gibt es dort zu mieten, wo es hoch hergeht: im Freizeitpark von Netphen. Hier kennt das (Wasser-)Vergnügen keinerlei Grenzen – in der Halle wie im Freien, wobei das Thermalbecken und die 100 Meter lange Superrutsche besonders anziehend wirken. Außerdem können Sie saunen und bräunen oder Minigolf und Tennis spielen.

Freizeitpark "Obernautal"
Sommer
tgl. 9-20 Uhr

Netphen-Walpersdorf | Auf den Spuren der Köhler

55 Grillkohle können Sie in Walpersdorf kaufen. Wenn Sie aber sehen wollen, wo und wie sie fabriziert wird, müssen Sie in Richtung Norden fahren und am Wanderparkplatz halten. Er heißt aus nahe liegenden Gründen "Köhlerplatz", denn bis zum Meiler sind es nur wenige Schritte. Egal, welchen der Rundwege Sie einschlagen, den kurzen über 2,5 Kilometer oder den über 7,5 Kilometer Länge, Sie kommen auf jeden Fall am Köhlerplatz vorbei. Einen Stoß sehen Sie noch im "Rohzustand", mit Birken und Buchen sauber aufgeschichtet. Ein zweiter qualmt meist kräftig, bis nach rund 14 Tagen das verkohlte Holz "fertig" ist zum Grillen. Falls Sie lieber selber zündeln wollen: Grillstellen gibt es genug und Löschwasser am nahen Bach. Brechen Sie nun auf der "Eisenstraße", einem alten Handelsweg, zu anderen Quellen auf: zu denen von Eder, Sieg oder Lahn.

Bad Laasphe | Von der Sommerfrische zum Bad

Radiomuseum
Bahnhofstr. 33,
Di., Do., Sa., So.
14.30-17 Uhr
Pilzkundliches Museum
Wilhelmsplatz 3,
Mi.-Fr. 13.30-17.30,
Sa. 12-16 Uhr

56 Bereits im Jahre 1904 wurde Laasphe Luftkurort, genau achtzig Jahre später kam dann die Ernennung zum Bad.

Gehen Sie auf Spurensuche: In der historischen Altstadt beeindrucken gut erhaltene Fachwerkhäuser, und im Radiomuseum in der Bahnhofstraße erinnern rund 600 funktionstüchtige Raritäten an technische Errungenschaften der jüngsten Vergangenheit. Denn relativ kurz ist die Entwicklungsgeschichte des Radios, dafür aber umso vielgestaltiger. Spazieren Sie nun weiter bis zum "Haus des Gastes". Im Obergeschoss finden Sie ein Pilzkundliches Museum mit einheimischen und ausländischen Exponaten – einzigartig in Westeuropa. Beenden Sie Ihren Stadtrundgang im schön gelegenen Kurpark in luftiger Höhe, genießen Sie von dort oben den Blick auf die Stadt und – vielleicht am Seerosenteich – die Sommerfrische eines traditionsreichen Kurortes.

Biedenkopf | Schloss im Hinterland

Hinterlandmuseum
Schloss
April-Nov.
Di.-So. 10-18 Uhr

57 Glauben Sie bloß nicht, das Hinterland sei hinterwäldlerisch! Zwar verdankt es seinen Namen der entfernten Lage zur früheren Residenz Darmstadt – aber aufgeschlossen war die Gegend schon immer. Ihr "Schlüsselerlebnis" bietet der Turm des Biedenkopfer Landgrafenschlosses. Von hier reicht der Blick bis weit ins Hinterland und noch dahinter. Für einen noch tieferen Blick, den in die Vergangenheit und in die Kulturgeschichte, ist im Schloss das Hinterlandmuseum zuständig. Bummeln Sie hier durch die Straße der Zünfte – mitten durch die alte (Arbeits-)Welt des Handwerks: die der Tuchmacher, Strumpfwirker, Leineweber, Schwarz- und Schönfärber. Erleben Sie das ländliche Leben lebensgroß in der Trachtenschau: Sie zeigt, wie Menschen arbeiten, feiern und trauern – in täuschend echten Szenen. Ein Zeitsprung zurück in die Vergangenheit, der sich unbedingt lohnt.

Biedenkopf-Sackpfeife | Zickzackkurs

58 Sackpfeife: Das ist kein Instrument, sondern ein Berg, dem Sie "den Buckel runterrutschen" können, im Sommer wie im Winter. Die Anfahrt von der Bundesstraße ist problemlos, und genug Platz für Ihr Auto gibt es auch. Von hier aus geht es bergab – oder bergauf. Bergauf zum 674 Meter hohen Gipfel mit dem Aussichtsturm, direkt oder auf Umwegen, je nachdem, für welchen Wanderpfad Sie sich entscheiden und ob Sie eine oder drei Stunden unterwegs sein wollen. Bergab geht's schneller – mit der Superrutsche. Steigen Sie unbesorgt ein in die Plastikwanne und rutschen Sie auf kurvenreicher Strecke bergab. Ebenso unproblematisch ist die Rückfahrt mit dem Sessellift, der auch im Winter verkehrt, wenn die Rutsche pausiert und überflüssig wird. Dann ziehen Skiläufer gemächlich ihre Bahnen oder stieben ausgelassen durch das weitläufige Gelände hinunter ins Tal.

Freizeitzentrum Sackpfeife
Mai-Okt. Mo.-Fr. 14-17.30, Sa. + So. 11-17.30 Uhr

Marburg | Fuß- und Flussbummel

59 Beginnen Sie Ihren Altstadtbummel am Alten Markt, in der guten Stube der Stadt. Und wenn Sie zwischendurch wissen wollen, was die Uhr geschlagen hat: Zur vollen Stunde flattert der krähende Hahn der Rathausuhr mit den Flügeln. Haben Sie noch etwas Zeit? Dann sollten Sie sich treiben lassen durch die verwinkelten Fachwerkgassen der Universitätsstadt, deren Kern seit Jahren erfolgreich renoviert wird. Viel Prominenz hielt sich in dieser malerischen Stadt auf und schwärmte von ihr. Nur ein Beispiel von vielen: In Marburg legten die Gebrüder Grimm zu Beginn des 19. Jahrhunderts den Grundstein für ihre Märchensammlung ...
Gehen Sie deshalb auf Entdeckungsreise. Nicht nur zu Fuß, sondern auch auf dem Fluss: Im Tretboot zieht nun Marburg an Ihnen vorbei – oder Sie an Marburg. "Reisender, kommst Du nach Marburg, vergiss deshalb die Zeit für Muße nicht!"

Marburg | Residenz mit Prominenz

Landgrafenschloss Marburg
April-Okt.
Di.-So. 10-18 Uhr,
Nov.-März
Di.-So. 10-16 Uhr
Mineralogisches Museum
Firmaneiplatz,
Mi. 10-13, 15-18 Uhr,
Do., Fr. 10-13 Uhr,
Sa. + So. 11-15 Uhr

60 Trotz enger Gassen und steiler Treppen lohnt es sich, zum Landgrafenschloss aufzusteigen – zauberhafte Dach- und Giebelimpressionen sind Ihr Lohn und natürlich das Schloss selbst. Genießen Sie von dort oben den herrlichen Blick über die Stadt und das Lahntal. In diesem imposanten Gebäude wird die hessische Geschichte auf vielfältige Art wieder lebendig. Höhepunkt der Schlosstour ist der langgestreckte, zweischiffige Fürstensaal im Nordflügel. Bereits Anfang des 14. Jh.s vollendet, gilt er als der größte gotische Profanraum in Deutschland. Und das Landgrafenzimmer erinnert an den im Jahre 1529 entbrannten Streit zwischen den Reformatoren Martin Luther und Ulrich Zwingli – weithin bekannt als 'Marburger Religionsgespräch'.

Wenn Sie zeitlich noch weiter zurückgehen wollen, suchen Sie das Mineralogische Museum am Firmaneiplatz auf. Dort im ehemaligen Kornspeicher der Stadt hinter der Elisabethkirche – wird die strahlende Wunderwelt dieser einzigartigen Mineralien von UV-Strahlen ins rechte Licht gerückt.

Dillenburg | Turm mit Tiefgang

Nassau-Oranisches Museum
Schlossberg
Ostern-Juni,
Sept. + Okt.
Di.-So.
9-13, 14-17 Uhr,
Juli + Aug.
tgl. 9-13, 14-17 Uhr

61 Einst galt das mächtige Dillenburger Schloss als uneinnehmbar. Dann wurde es im Jahre 1760 doch erobert, und aus den Steinen wurden die Häuser der Wilhelmstraße erbaut – nicht aber der Wilhelmsturm. Der ragt erst seit 1875 auf, zu Ehren Wilhelms von Oranien, dem Stammvater des holländischen Königshauses und gebürtigen Dillenburgers. Das Nassau-Oranische Museum im Turm erzählt die Adelsgeschichte. Gruselgeschichten halten die Kasematten bereit, die in ihren Ausmaßen einzigartig in Deutschland sind. Mehrere Hundert Meter weit und 25 Meter hoch, unterteilt in verschiedene Stockwerke, wurden Gewölbe mühselig in den Fels getrieben. Bis zu

2000 Soldaten konnten hier zur Verteidigung des Schlosses unterkommen. Mit dem Schloss wurden auch seine Befestigungsanlagen zerstört, seit 1930 ist jedoch ein Teil wieder zugänglich. Allein wären Sie in diesem Labyrinth der Gänge verloren. Vertrauen Sie sich deshalb einer Führung an, die sich in den unterirdischen Verteidigungsanlagen auskennt. Höhepunkt und gleichzeitig Abschluss des Rundgangs durch die "Unterwelt" Dillenburgs ist die Besichtigung des 62 Meter tiefen Brunnens in der "Löwengrube" und das "Rubensgefängnis". Ein gleichermaßen beklemmendes wie faszinierendes Erlebnis, das Sie sich nicht entgehen lassen sollten.

Herborn-Uckersdorf | Flug- und Zugnummern

62 Auf seine roten Ibisse und auf die hier aufgewachsenen Jungstörche ist der Vogelpark in Uckersdorf besonders stolz. Zu Recht, denn aus den kleinsten Anfängen im Jahre 1973 wurde mit viel Fleiß und Fachverstand ein Vogelpark geschaffen, der immer mehr Besucher zählt. Von Jahr zu Jahr wächst auch die Schar der Flug- und Stimmakrobaten, die Sie in Volieren und Gehegen, an Teichen, im Freiflugraum und auch auf dem Vogelschutzpfad aus nächster Nähe beobachten können. Da staksen die Kraniche und die rosaroten Flamingos neben einem südamerikanischen Nandu, da brütet ein schwarzer Schwan, da gurrt, zirpt, piepst und schnattert es allerorten. So verschaffen Sie sich Einblick ins gefiederte Tierreich. Sie sind herzlich willkommen.

Vogelpark Uckersdorf
Waidstr. 36, März-Okt. tgl. 9.30-18 Uhr

Wetzlar | Auf Goethes Spuren

Lottehaus
Lottestr. 8-19,
Di.-So.
10-13, 14-17 Uhr

63 Mittelalterliche Marktplätze, enge Gassen mit schmucken Fachwerkhäusern und prächtigen Barockbauten prägen das Bild der Wetzlarer Altstadt, hoch über dem Tal der Lahn gelegen. Hauptanziehungspunkt ist der Dom, der in seiner architektonischen Vielgestaltigkeit wohl einzigartig ist. An Markttagen füllt sich der Platz vor dem Dom mit den bunten Ständen der Händler. Im Lottehaus wird an die Zeit erinnert, in der Goethe in Wetzlar weilte. Seine Erlebnisse in dieser Stadt inspirierten ihn zu dem im Jahre 1774 erschienenen Roman "Die Leiden des jungen Werthers". Zwei Räume des Museums in der Lottestraße enthalten Ausstellungsstücke zur Entstehungsgeschichte des "Werthers". Begeben Sie sich auf Spurensuche!

Solms-Oberbiel | Bergbau zum Anfassen

Besucherbergwerk Grube Fortuna
März-Nov.
Di.-Sa. 9-14.45 Uhr,
So. 10-15.45 Uhr
(letzter Einlass)

64 Ein Erlebnis besonderer Art verspricht eine Fahrt in das Besucherbergwerk 'Grube Fortuna', ein seit 1983 stillgelegtes Eisenerzbergwerk. Sie werden von ehemaligen Bergleuten begleitet, wenn es 150 Meter tief in die Erde und mit einer alten Grubenbahn in den früheren Abbaubereich geht. Vor Ort wird Ihnen vorgeführt, welch mühevolles Geschäft mit dem Wort Erzgewinnung wirklich verbunden war. Sehen Sie sich also in den historischen Betriebsgebäuden der Grube um. Ob alte Waschkaue, große Fördermaschine, Erzzug oder Brauchtum der Bergleute: Industriegeschichte, Kultur und Selbstverständnis dieses eigenwilligen Berufsstandes macht das Bergbaumuseum im wahrsten Sinne des Wortes begreifbar. Auch die frühen Stätten der Erzgewinnung sind zu besichtigen. Ein im Wald verlaufender Lehrpfad führt Sie zu den Ursprüngen des Bergbaus. Glück auf!

Greifenstein | Sehen – Anfassen – Hören

65 Hoch über dem Dilltal gelegen, laden schon von weitem die imposanten Doppeltürme von Burg Greifenstein zu einem Besuch ein. Die um 1200 urkundlich erwähnte Burg hat eine wechselvolle Geschichte erlebt. Sie war Residenz der Grafen zu Solm-Greifenstein und diente den Nassauern als Herrensitz. Die Entwicklung von einer Kernburg zur uneinnehmbaren Festung und weiter zu einem prunkvollen Schloss lässt sich heute noch an den Stilelementen verschiedener Epochen ablesen – von der Frühgotik bis zum Barock. Wenn Sie mehr darüber erfahren wollen: Das Burg- und Ortsmuseum zeigt in der 'Äußeren Thalpforte' Sammlungen aus dem dörflichen Leben und präsentiert die regionale Hugenottengeschichte. Im größten Bollwerk der Festung hat das Deutsche Glockenmuseum sein Domizil gefunden. Mit rund 50 Glocken lädt es die Besucher zu einem aufschlussreichen Gang durch die fast tausendjährige deutsche Glockengeschichte ein. Am eindrucksvollsten ist das Erlebnis des Glockenklangs, der die unterschiedliche Klangentfaltung der Glocken dokumentiert. Klänge, die Sie auch selbst erzeugen können.

Museen
Burg Greifenstein
März-Okt.
tgl. 10-18 Uhr,
Nov.-Febr.
Sa. + So. 12.30-17 Uhr

Westerburg | Im und überm See

66 Die Stadt Westerburg besteht aus 24 Gemeinden – und dem schön gelegenen Wiesensee als touristischem Mittelpunkt. Er gilt als Dorado für Wassersportler, bieten doch ideale Windverhältnisse gute Voraussetzungen für Surfer und Segler. Anfänger und Fortgeschrittene können in den Ortsteilen Stahlhofen, Pottum und Winnen Kurse belegen. Falls Sie den See lieber beschaulicher überqueren wollen: Von April bis Oktober fährt ein großes Passagierfloß stündlich bei Musik und guter Laune über das Gewässer. Wer den Wiesensee aus der Vogelperspektive kennenlernen möchte, kann vom Flughafen Ailertchen aus zu ereignisreichen Rundflügen starten. Gleitschirm- und Drachenflieger bieten noch mehr Nervenkitzel – für Mutige zwischen Himmel und Erde!

Die schönsten Radtouren
für Sie entdeckt

Naturerlebnis und Geselligkeit, Anstrengung und Erholung – dieses Wechsel- und Spannungsverhältnis macht den Reiz einer Fahrradtour aus. Und da neben der sportlichen Betätigung vor allem die Freude am Radfahren nicht zu kurz kommen soll, radelt man auf ausgeschilderten Wegen oder idyllischen Nebenstraßen, streift kleine und große Seen oder begleitet Flüsse und Bäche. Dabei spielt es keine Rolle, ob es sich um einen kurzen Sonntagsausflug, eine anspruchsvolle Tagesfahrt oder um

10 Fahrradtouren

eine mehrtägige Tour mit allen Schwierigkeitsgraden handelt. Was zählt, ist das intensive Erlebnis und nicht so sehr die zurückgelegten Kilometer. Ob man nun allein, mit Freunden oder der Familie unterwegs ist – immer ist auch der Weg das Ziel: Wer mit offenen Augen durch Deutschland radelt, entdeckt reizvoll gelegene Badeseen und gemütliche Biergärten, die unter Schatten spendenden Bäumen zur Rast einladen, oder kleine Museen mit verborgenen Schätzen. Oft grüßen romantische Schlösser und Burgen auf halber Höhe, die mit weiten Ausblicken punkten. Geht es gar zu steil bergauf, darf der Drahtesel auch mal geschoben werden. Dafür weht der Fahrtwind bergab umso kräftiger um die Nase.

In diesem Freizeitführer und in der beigefügten Freizeitkarte werden die schönsten Fahrradtouren vorgestellt. Die abwechslungsreichen Strecken berühren sehenswerte Ausflugsziele und wecken die Freude an Natur, Kultur und Geselligkeit.

Tour 1 | Soest – Hultrop – Lippborg – Hovestadt – Thöningsen – Soest

Länge: 45 km
Dauer: 4 – 4,5 Stunden
Da die sehr schöne und abwechslungsreiche Tour ins Lippe-Tal keine nennenswerten Steigungen aufweist, ist sie auch für Radwander-Amateure geeignet.

Von Soest (s. Abb.) radelt man zur Katroper Höhe, dann leicht abwärts über Katrop nach Hultrop im Lippe-Tal. Entlang der B 475 fährt man über Heintrop und über die Lippe hinweg nach Lippborg. Vorbei an Wildgehegen und am Wasserschloss Assen, kommt man in ruhiger Fahrt nach Herzfeld, überquert wieder die Lippe und erreicht Hovestadt mit seinem prächtigen Renaissance-Schloss. Über Thöningsen und an Bad Sassendorf vorbei geht's zurück nach Soest zu einem Bummel durch die sehenswerte mittelalterliche Altstadt.

Tour 2 | Lippstadt – Lipperode – Garfeln – Störmede – Lippstadt

Länge: 45 km
Dauer: 4 – 4,5 Stunden
Die einfache Radwanderung ist ideal für einen ausgiebigen Familienausflug.

Vom Marktplatz in Lippstadt, der wasserreichsten Stadt Westfalens, radelt man zunächst in Richtung Bad Waldliesborn und fährt über Gut Menzelsfelde zur viel besuchten Freizeitanlage Margarethensee, die sich für eine kleine Badepause anbietet. Erfrischt geht's am Boker-Kanal entlang weiter nach Lipperode und auf dem Radwanderweg R 4 nach Rebbeke. Über Garfeln und Mönninghausen erreicht man das hübsche Dörfchen Störmede und fährt am barocken Wasserschloss Schwarzenraben vorbei nach Lippstadt zurück.

Tour 3 | Warstein – Belecke – Suttrop – Belecke – Warstein

Länge: 28 km
Dauer: 2,5 Stunden
Auf der nicht allzu schwierigen Tour gibt es vor allem in Warstein und Belecke viel zu sehen und zu entdecken.

Man verlässt Warstein auf dem Radwanderweg R 45 und fährt parallel zur Bahnlinie durch das Westerbachtal nach Belecke. Nach einem kurzen Anstieg radelt man auf sanft hügeliger Strecke weiter nach Suttrop und an dem Dörfchen Kallenhardt vorbei zum imposanten Barockschloss Körtlinghausen. Dann geht's leicht abwärts ins Möhne-Tal und auf dem Radwanderweg R 8 an dem Flüsschen entlang wieder nach Belecke und zurück nach Warstein. Dort wartet bereits die nächste Tour: die Besichtigung der berühmten Waldparkbrauerei. Natürlich mit Bierprobe!

Tour 4 | Rattlar – Ottlar – Heringhausen – Bontkirchen – Rattlar

4

Länge: **27 km**
Dauer: **2,5 Stunden**
Die wunderschöne Tour durch den Naturpark Diemelsee bietet rund um den Stausee vielfältige Wassersport- und Einkehrmöglichkeiten.

Von dem hübschen Ferienort Rattlar geht's über einen bewaldeten Sattel nach Ottlar und durch ein schönes Wiesental über das Dörfchen Stormbruch weiter nach Heringhausen zur Diemel-Talsperre (s. Abb.). Auf einer schmalen Straße radelt man am Ufer des Stausees entlang, bis man ein ruhiges Badeplätzchen oder einen gemütlichen Gasthof zum Einkehren gefunden hat. Durch das idyllische, waldreiche Itter-Tal fährt man dann über Bontkirchen zurück nach Rattlar.

Tour 5 | Winterberg – Hallenberg – Somplar – Frankenberg

5

Länge: **33 km**
Dauer: **3 Stunden**
Die landschaftlich abwechslungsreiche Tour führt durch ruhige Ferienorte und hübsche mittelalterliche Städte.

Von Winterberg aus radelt man auf leicht ansteigender Strecke in Richtung Hesborn. Ein schöner Höhenweg führt durch Wälder und Bergwiesen in sanftem Auf und Ab in den idyllischen Erholungsort. Dann geht's durch das ruhige Feriendorf Liesen hinunter ins Nuhne-Tal nach Hallenberg. Vielleicht ergibt sich die Gelegenheit zum Besuch einer Theateraufführung der in einen romantischen Felsenkessel eingebetteten Freilichtbühne. An der Nuhne entlang radelt man weiter nach Somplar und erreicht durch das Waldgebiet Breite Struth das reizvolle Mittelalterstädtchen Frankenberg.

Tour 6 | Winterberg – Mollseifen – Girkhausen – Bad Berleburg

Länge: 25 km
Dauer: 2 Stunden
Die kurze, einfache Tour durchs Odeborntal kann mit der ganzen Familie unternommen werden.

Von Winterberg aus fährt man zunächst hoch in Richtung Altastenberg und biegt kurz vor dem Dorf in die Bergstraße ein, die zum Aussichtsturm auf dem 841 m hohen Kahlen Asten führt. Nach diesem Abstecher geht's geschwind zurück zur Abzweigung nach Altastenberg und auf dem Radwanderweg R 47 durch den Wald über Mollseifen nach Girkhausen. Entlang der Odeborn erreicht man den Kurort Bad Berleburg, dessen hoch über der Altstadt thronendes Schloss zu einer Besichtigung einlädt.

Tour 7 | Hilchenbach – Silberg – Müsen – Hilchenbach

Länge: 22 km
Dauer: 2 – 2,5 Stunden
Die Rundfahrt im Süden des Rothaargebirges ist aufgrund ihrer starken Steigungen weniger für Kinder geeignet.

Ausgangspunkt der Tour, die zum größten Teil durch Wälder führt, ist die Jugendherberge in Hilchenbach. Der Weg hoch zur Albaumer Höhe steigt gleich kräftig an, bevor man über Brachthausen talwärts nach Silberg fährt. Nach dem Ort steigt die Strecke zunächst wieder stark an und führt dann am Rothenbach entlang hinunter nach Müsen. Bevor man an der Breitenbach-Talsperre vorbei zurück nach Hilchenbach radelt, bietet sich als Tour-Pause ein Besuch des höchst interessanten Müsener Museumsbergwerks an.

Tour 8 | Biggesee – Siedenstein – Fahlenscheid – Olpe – Biggesee

Länge: 28 km
Dauer: 3 Stunden
Diese ausgesprochen bergige Tour durch den Süden des Ebbegebirges ist besonders reizvoll, eignet sich aber nur für passionierte Radwanderer.

Die Rundfahrt beginnt in der Nähe der Campinganlage Kessenhammer am Ostufer des Biggesees. Gleich hinter dem Weiler Siedenstein beginnt ein langer Anstieg auf einem befestigten Waldweg hoch ins Ebbegebirge. Über die B 55 hinweg und durch den Wald hindurch radelt man in Richtung Fahlenscheid. Dann geht es auf einem holprigen, streckenweise recht steilen Waldweg bergab. Im Tal ist der Weg wieder asphaltiert, und man radelt durch das hübsche Dörfchen Rehringhausen nach Olpe und am Ufer des Biggesees entlang zum Ausgangspunkt zurück.

Tour 9 | Deuz – Sieg-Quelle – Hainchen – Deuz

9

Länge: **34 km**
Dauer: **4 Stunden**
Die schöne Tour zu den Quellen der Sieg und der Lahn weist lange, kräftige Steigungen auf und ist daher eher für konditionsstarke Radwanderer geeignet.

Von Deuz aus radelt man bis zur Südostspitze der Obernau-Talsperre fast stetig bergauf und fährt dann auf der Uferstraße an dem Stausee entlang, bis man seine Nordspitze erreicht. Von dort aus folgt man dem Verlauf des Obernaubachs und muss dann sehr kräftig in die Pedale treten, bis man auf die so genannte Eisenstraße trifft. Man radelt in Richtung Großenbach weiter, kommt an der eingefassten Sieg-Quelle vorbei und erreicht nach einer langen, leicht ansteigenden Fahrt durch den Wald die Quelle der Lahn. Jetzt führt die Tour nur noch abwärts, und man gelangt über Hainchen zurück nach Deuz.

Tour 10 | Herdorf – Daaden – Wiederstein – Neunkirchen – Herdorf

10

Länge: **27 km**
Dauer: **3 – 3,5 Stunden**
Die Tour rund um den Hohenseelbachskopf ist aufgrund langer Steigungen für ungeübte Radwanderer zu schwierig.

Von Herdorf aus fährt man über eine zunächst stark ansteigende Anhöhe nach Biersdorf und von dort am Daadenbach entlang bis Daaden. Nach einer schönen, streckenweise aber recht anstrengenden Bergfahrt erreicht man das Dörfchen Wiederstein. Über Zeppenfeld und die Gemeinde Neunkirchen, in der man einige hübsche, denkmalgeschützte Fachwerkhäuser entdeckt, kehrt man nach Herdorf zurück.

Impressum

Bildnachweis

Titelbild: Studio Lang, Ostfildern
Fotos Ausflugziele: Elspe-Festival, Lennestadt Nr. 43; Ettelsberg-Seilbahn Willingen Nr. 30; Flugzentrum Elpe Nr. 22; G. Förtsch Nr. 41; Freizeitregion Lahn-Dill e.V., Wetzlar Nr. 64; F.-J. Gerke Nr. 19; Gesellschaft für Stadtmarketing, Siegen/Touristikverband Siegerland-Wittgenstein Nr. 50; W. Giermann Nr. 51; HB Verlag/R. Lueger Nr. 13, 21, 38; Kreismuseum Paderborn Nr. 6; Kurverwaltung Willingen Nr. 31; Maximilianpark Hamm GmbH, Nr. 1; Naturerlebniswildwald, Arnsberg Nr. 8; Werner Otto (Aufmacherfoto); Panoramapark Sauerland Nr. 45; Personenschifffahrt Möhnesee Nr. 7; R. Schenk-Kern Nr. 18 + 39; Stadt Warstein Nr. 16; Städtischer Verkehrsverein Lippstadt Nr. 4 + 5; W. Storto Nr. 11; Verkehrsamt Bestwig Nr. 20; Verkehrsbüro Attendorn Nr. 46; Verkehrsverein Balve e.V. Nr. 12; Verkehrsverein Olsberg Nr. 23; alle übrigen Fotos W. Kern
Fotos Radtouren: W. Kern S. 42 + 43; Studio Lang S. 44, 45 + Aufmacherfoto

Impressum

Allianz Freizeitführer

Redaktion: MAIRDUMONT GmbH & Co. KG, Radegunde Schenk-Kern, Marco-Polo-Zentrum, D-73760 Ostfildern, Tel. 0711/4502-0, Fax 0711/4502-343, E-Mail: r.schenk-kern@mairdumont.com
Kartografie: MAIRDUMONT GmbH & Co. KG, Ostfildern
Gestaltung: red.sign, Stuttgart
Layout: Studio Lang, Ostfildern

Die Angaben in diesem Freizeitführer, insbesondere die Anschriften und Öffnungszeiten, wurden sorgfältig geprüft. Für die Richtigkeit der Angaben kann trotzdem keine dauerhafte Gewähr übernommen werden. Die in dieser Broschüre vorgestellten Radtouren basieren auf Vorgaben der Kompass-Radwanderführer, erschienen im Deutschen Wanderverlag.

Baedeker Allianz Reiseführer

Über 150 Baedeker Allianz Reiseführer für Städte, Länder und Regionen sorgen schon zu Hause für Fernweh. Mit Informationen über Land und Leute, Kunst und Kultur, Sehenswürdigkeiten, Hotels und Restaurants und vielen praktischen Tipps. Großartige 3D-Darstellungen eröffnen neue Perspektiven. Dazu die übersichtliche Extra-Karte zum Herausnehmen.

Ägypten
Algarve
Allgäu
Amsterdam
Andalusien
Athen
Australien
Australien - Der Osten
Bali
Baltikum
Barcelona
Belgien
Berlin/Potsdam
Bodensee
Brasilien
Bretagne
Brüssel
Budapest
Bulgarien
Burgund
Chicago/Große Seen
China
Costa Blanca
Costa Brava/Barcelona
Dänemark
Deutschland
Deutschland - Der Osten
Deutsche Nordseeküste
Djerba/Südtunesien
Dominikanische Republik
Dresden
Dubai
Elba
Elsass/Vogesen
Finnland
Florenz
Florida
Franken
Frankfurt am Main
Frankreich
Fuerteventura
Gardasee/Verona
Golf von Neapel
Gomera
Gran Canaria
Griechenland
Griechische Inseln
Großbritannien/Nordirland
Hamburg
Harz
Hongkong/Macao
Indien
Irland
Island
Israel
Istanbul
Istrien/Kvarner Bucht
Italien
Italien Norden
Italien Süden
Italienische Adria
Italienische Riviera
Japan
Jordanien
Kalifornien
Kanada Osten
Kanada Westen
Kanalinseln
Kapstadt/Garden Route
Kenia
Köln
Kopenhagen
Korfu/Ionische Inseln
Korsika
Kos
Kreta
Kroatische Adriaküste
Kuba
Lanzarote
La Palma/Hierro
Lissabon
Loire
London
Madeira
Madrid
Malediven
Mallorca
Malta/Gozo/Comino
Marokko
Mecklenb.-Vorpommern
Menorca
Mexiko
Moskau
München
Namibia
Neuseeland
New York
Niederlande
Norwegen
Oberbayern
Oberitalienische Seen
Österreich
Paris
Peking
Piemont
Polen
Polnische Ostseeküste
Portugal
Prag
Provence/Côte d'Azur
Rhodos
Rom
Rügen
Sachsen
Salzburger Land
Sardinien
Schottland
Schwäbische Alb
Schwarzwald
Schweden
Schweiz
Sizilien
Skandinavien
Slowenien
Spanien
Spanien Norden
Sri Lanka
St. Petersburg
Stuttgart
Südafrika
Südengland
Südtirol
Sylt/Amrum/Föhr
Teneriffa
Tessin
Thailand
Thüringen
Toskana
Tschechien
Türkei
Türkische Mittelmeerk.
Tunesien
Umbrien
Ungarn
USA
USA Nordosten
USA Südwesten
Usedom
Venedig
Vietnam
Weimar
Wien
Zypern

Siegerland/Sauerland

Der Freizeitführer

Allianz

66 Tipps

und Fahrradtouren

- Unterwegs zu Schaubergwerken und Bergbaumuseen
- Wetterstation und Wintersport – Treffpunkt Kahler Asten

€ 6,95 [
€ 7,20 [

ISBN 978-3-8297-1714-4

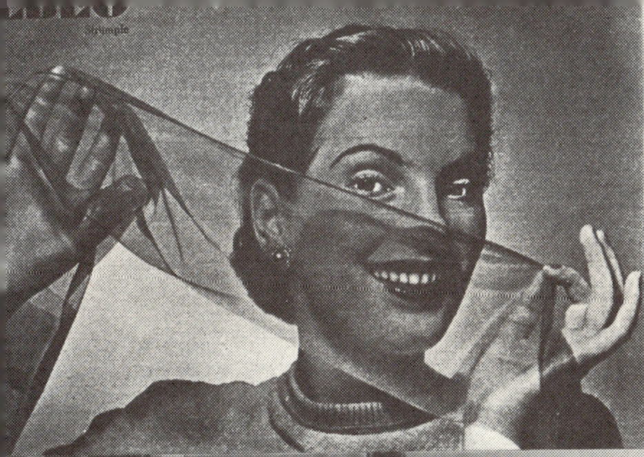

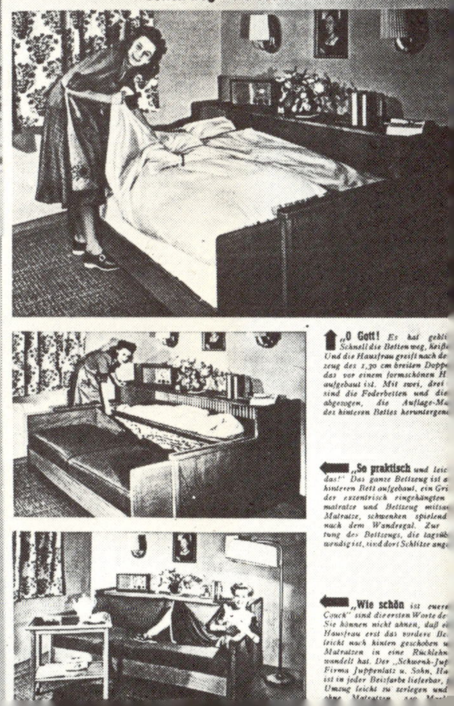
Betten weg – die Gäste kommen!

„O Gott! Es hat gebl
Schnell die Betten weg, heiß
Und die Hausfrau greift nach de
zeug des 1,30 cm breiten Dopp
das vor einem formschönen H
aufgebaut ist. Mit zwei, drei
sind die Federbetten und die
abgezogen, die Auflage-M
des hinteren Bettes heruntergen

„So praktisch und leic
das!" Das ganze Bettzeug ist a
hinteren Bett aufgebaut, ein Gri
der exzentrisch eingehängten
matratze und Bettzeug mitsa
Matratze, schwenken spielend
nach dem Wandregal. Zur
tung des Bettzeugs, die tagsüb
wendig ist, sind dort Schlitze ang

„Wie schön ist euere
Couch" sind die ersten Worte de
Sie können nicht ahnen, daß e
Hausfrau erst das vordere Be
leicht nach hinten geschoben u
Matratzen in eine Rücklehn
wandelt hat. Der „Schwenk-Ju
Firma Juppenlatz u. Sohn, Ha
ist in jeder Beizfarbe lieferbar,
Umzug leicht zu zerlegen und

Redaktion: Maruta Schmidt
Layout und Umschlag: Jürgen Holtfreter
Lithografie: Spönemann
Satz: VA Peter Großhaus
Printed in the Federal Republic of Germany
EP 149

Elefanten Press Verlag GmbH
Zossener Str. 32, 1000 Berlin (West) 61

ISBN 3-88520-149-6

Bildnachweis:

Sigi Bumm / Cosmopolitan: Umschlagfoto vorn
Will McBride: S. 10, 45, 51
Hermann Claasen: S. 14, 15, 19, 23 (»Das Ende«, Katalog des Rheinischen Landesmuseums Bonn, 1983)
Landesbildstelle Berlin: S. 24, 83
Richleske: S. 29, 30
Dieter Fricke Verlag: S. 42/43 (»Pubertät der Republik«, mit freundlicher Genehmigung des Verlages)
alle anderen Abbildungen: Archiv von ELEFANTEN PRESS

CIP-Kurztitelaufnahme der Deutschen Bibliothek

Delille, Angela:
Blick zurück aufs Glück: Frauenleben u. Familienpolitik in d. 50er Jahren / Angela Delille; Andrea Grohn. – Berlin: Elefanten Press, 1985.
(EP; 149)
ISBN 3-88520-149-6
NE: Grohn, Andrea:; GT